JUSt
MARRIE

ISBN : 978-2-412-03569-6
Dépôt légal : avril 2018

Imprimé en Italie
Édition : Frédéric Lorreyte
Couverture et mise en page intérieure : NoOok
Illustrations : Freepik, Vecteezy

Éditions First, un département d'Édi8
12, avenue d'Italie
75013 PARIS – France
Tél. : 01 44 16 09 00
Fax : 01 44 16 09 01
E-mail : firstinfo@efirst.com
Site Internet : www.editionsfirst.fr

Fantine Allain

# TU SAIS QUE TU TE Maries QUAND...

FIRST
ÉDITIONS

# Avant-propos

En vous rencontrant, vous avez tout de suite eu envie d'un plan à trois : vous deux, et le bonheur. Oui, c'est beau, mais ce n'est pas de nous. Quelque temps après, vous avez eu envie de tourner sept fois la langue dans sa bouche, et vous l'avez fait. Sachant qu'on peut tomber enceinte en embrassant si on ne mange pas en même temps une pilule à la menthe, vous avez décidé de vous marier. Ou alors vous avez fait ce choix pour officialiser votre union, après trois enfants et un chien. Ou alors c'était pour faire une grosse teuf, parce que l'amour, ça se fête. Dans tous les cas, vous avez bien raison, parce que maintenant qu'on est entièrement libres de se marier ou pas, il est fort probable, quand on décide de le faire, que cette journée soit l'une des plus belles de notre vie. Quelqu'un de bien intentionné vous a offert ce livre : décidément, en plus d'être amoureux et aimés, vous avez des proches incroyables. Vous y trouverez quelques conseils utiles, et beaucoup complètement inutiles, et uniquement destinés à vous faire sourire et à vous offrir une bulle d'air dans ce marathon… cette préparation, pardon, qui s'annonce. Bonne lecture, et belle vie !

# TU SAIS QUE TU TE MARIES QUAND...

**... tu viens de faire clic droit > Nouveau dossier > Mariage.**

Pour l'instant, tu t'appliques, comme lorsque tu inaugurais tes cahiers de textes, petite, avec les voyelles en rose et les consonnes en bleu (pratique). Bientôt, il y aura des captures d'écran de robes/idées déco/coiffures/bars à bonbons partout dans le dossier, quatre tableaux Excel de budget, des documents Word avec des adresses de plein de gens en vrac et un document PDF que tu n'arriveras pas à ouvrir.

# Mariage :

**nom masculin…**

… désignant
une relation dans
laquelle une personne
a toujours raison,
et l'autre est
son mari.

# Citations et mantras du mariage

« Je suis super-amoureuse. C'est comme quand tu es amoureuse, mais avec une cape. »

# 5 TRUCS POUR FAIRE LE TRI DANS VOS TÉMOINS

**Pour cela, procédez par élimination et retirez :**

- ceux qui boivent trop et finissent toujours mal en soirée ;
- ceux qui sont toujours en retard et arriveront aussi en retard à la mairie ;
- ceux qui ont perdu leur carte d'identité ou vont probablement la perdre d'ici le jour J ;
- ceux que l'un de vous deux s'est tapés, dans une autre vie ;
- ceux que l'un de vous deux rêve de se taper, dans une autre vie.

**Normalement, il reste deux témoins chacun, à peu près, et c'est parfait.**

# TU SAIS QUE TU TE MARIES QUAND...

**... ça fait 72 fois que tu racontes le jour où tu as dit « oui ».**

À chaque fois, tu rajoutes un petit élément pour sublimer un peu.
Fais gaffe, bientôt il y aura une licorne, des pétales de rose par terre, des larmes, des gens qui se lèvent et applaudissent tout doucement, puis de plus en plus fort, un coucher de soleil orange et des nuages en forme de cœur.

Alors que ça s'est passé au rayon croquettes d'Intermarché, ne poussons pas.

Citations et mantras du

# mariage

« Homme
qui rit, homme
à moitié
ton mari. »

**(Source : mamzellesdonzelle.com.)**

## *Tu sais que tu te maries quand...*

... pour la première fois de ta vie, tu as fait un vrai tableau « budget », et même un « rétroplanning ». (Et tu as bien raison.)

# QUE SIGNIFIE L'ACRONYME « STD » ?

**1.** « Sa te dit ? », un mot que s'envoient par SMS les gens qui ne savent pas encore tout à fait bien écrire français.

**2.** « Save the date », c'est-à-dire un petit mot rapide envoyé par mail ou par courrier par les futurs mariés pour demander à leurs convives de bloquer la date, avant l'envoi du faire-part traditionnel.

**3.** « S'il te dlaît », une formule de politesse de dyslexique.

Réponse : 2 (et c'est très pratique, surtout si tu es un peu à la bourre).

# INTERRO SURPRISE

**Quels sont les documents nécessaires pour constituer un dossier de mariage auprès de la mairie ?**

Coche parmi les dix éléments suivants ceux que tu devras fournir.

- ☐ a. Une copie des deux pièces d'identité
- ☐ b. Un certificat de virginité
- ☐ c. Une copie intégrale des deux actes de naissance
- ☐ d. Un justificatif de domicile de moins de trois mois
- ☐ e. Une analyse d'urines
- ☐ f. Un certificat du notaire en cas de contrat de mariage
- ☐ g. Une lettre de recommandation de votre ex
- ☐ h. La copie de la carte d'identité des témoins et leurs coordonnées
- ☐ i. Un certificat d'obtention du brevet des collèges
- ☐ j. De l'or, de l'encens et de la myrrhe

Réponses : a, c, d, f, h.

## Citations et mantras du

# mariage

« À chaque mariage,
les vieux me demandent
si c'est moi le prochain.
Du coup, je fais pareil
aux enterrements. »

# *Tu sais que tu te maries quand…*

… tu retournes pour la première fois dans un parc-expo déprimant depuis les Salons de l'étudiant, mais que cette fois, c'est pour le Salon du mariage.

# 4 FAÇONS D'ÊTRE SÛRE QUE TA BELLE-MÈRE NE VIENNE PAS

- L'enterrer dans son jardin quelques jours avant.
- Te marier avec quelqu'un d'autre que son fils.
- Vous marier en 2072, quand elle sera morte.
- Lui envoyer une carte de remerciements pour sa présence au mariage et dire : « Comment ça vous n'y étiez pas ? »

# TU SAIS QUE TU TE MARIES QUAND…

**… tu te demandes si 17 témoins, ça passe.**

Et tu as quelques sueurs froides en imaginant la réaction des uns et des autres quand ils apprendront qu'ils ne font pas partie des 17. Tu as trouvé des arguments béton pour chacun : « Toi, tu seras le parrain, plutôt », « Toi, je sais que notre amitié est plus forte que ça », « Toi, je sais que t'es pas très mariage », « Toi, je sais que t'aimes pas mon mec/ma meuf », « Toi, ta gueule ».

# Le saviez-vous ?

**(Non, avouez.)**

**Le monde se divise en trois catégories :**

- ceux qui prononcent « cocktail » **[COKTÈL]** ;
- ceux qui prononcent « cocktail » **[COKTHAÏ-L]** ;
- ceux qui prononcent « cocktail » **[VIN D'HONNEUR]**.

# Citations et mantras du mariage

LA FILLE. – Tu m'as volé mon cœur.

LE GARÇON. – Bah venge-toi, prends mon nom de famille.

# 5 FAÇONS DE RÉDUIRE CONSIDÉRABLEMENT LE NOMBRE DES INVITÉS

- Fixer la date le jour d'une Coupe du monde de foot.
- Vous marier le 15 août.
- Demander à chacun de payer sa part.
- Vous marier un lundi soir.
- Vous marier à Alep.

# TU SAIS QUE TU TE MARIES QUAND...

- ... tu as une bosse sur le majeur à force d'écrire les noms sur les enveloppes de faire-part.
- ... au début, tu as fait de jolies lettres bien rondes et régulières. Maintenant, tu aurais un stagiaire manchot que tu lui demanderais de les écrire à la bouche. Mais tu n'as pas de stagiaire. Alors, tu passes à l'enveloppe suivante.
- ... tu mesures l'efficacité de ta journée au nombre de timbres léchés.

# 5 phrases

**que tu vas forcément prononcer en rentrant dans un Salon du mariage**

- « Putain, c'est glauque ici. »
- « Mate un peu la gueule de la robe. Elle est faite en PQ ? »
- « Non, pas question qu'on loue une bagnole de cette taille-là, tu lâches cette portière, ça suffit. »
- « Vas-y, on s'en va. »
- « Vas-y, on se marie pas. »

# *Tu sais que tu te maries quand...*

... chaque fois que tu hésites à t'acheter une fringue, tu convertis le prix en nombre de bouteilles de champagne et de petits fours. Tu n'en reviens toujours pas de ce sac Sézane, qui coûte quand même 97 amuse-bouches.

# ANTISÈCHE DES QUANTITÉS NÉCESSAIRES POUR UN COCKTAIL

**(Allez, c'est cadeau !)**

- Pour une heure, prévoir 9 pièces par personne.
- Pour 1 h 30, prévoir 12 pièces par personne.
- Pour 2 h 30, prévoir 15 pièces par personne.
- Pour plus de 2 h 30, prévoir beaucoup, si vous ne voulez pas que tout le monde soit bourré en passant à table.

# 4 TRUCS QUE VOUS POURRIEZ JETER À LA PLACE DU RIZ, POUR CHANGER

1. Des pâtes
2. Des steaks
3. Des enclumes
4. Des bébés chats (oh, ça va, c'est pour rire, et de toute façon ils retomberont sur leurs pattes)

« Je suis très
occupée, je prépare
deux mariages. Le premier
inspiré par Pinterest,
le deuxième avec ce que
je peux vraiment
me payer. »

# TU SAIS QUE TU TE MARIES QUAND...

- ... tu as arrêté le pain avec les pâtes.
- ... pour la première fois de ta vie, tu as même peur de maigrir, et de flotter dans ta robe.
- ... tu as envie d'appeler la créatrice de robes de mariée pour savoir si tu peux prendre un dessert.

# Citations et mantras du mariage

« Ton mariage va être énorme… comme ton cul en terminale. »

**(Extrait du film *Meilleures Ennemies*.)**

# 9 TRUCS QUI PROUVENT QUE SUR PINTEREST, EN VRAI, C'EST UN SEUL ET MÊME MARIAGE

1. Les panneaux en bois pour indiquer l'entrée et le bar à bonbons sont tous les mêmes.
2. Il n'y a que des bouquets champêtres.
3. Les mariées ont toutes de la dentelle dans le dos.
4. Les mariés sont tous barbus.
5. Le photographe est forcément le même, vu que c'est les mêmes photos.
6. Il y a le même Photo Booth partout.

7. La belle-mère a toujours la même robe.
8. Il y a de la gypsophile dans tous les bouquets de centres de table.
9. La mairie est toujours moche.

# Tu sais que tu te maries quand...

... tu es déjà bourré.e à 11 heures du mat', parce que cracher le vin d'une dégustation, c'est gâcher.

# BIENVENUE DANS LA GALÈRE DES PLANS DE TABLE

**6 idées aussi nazes qu'une table de célibataires**

1. Une table de cons, pour qu'ils s'entendent tous bien.
2. Une table de moches, pour créer de nouveaux couples.
3. Une table d'alcooliques, pour poser les cubis.
4. Une table de roux, pour qu'ils échangent leurs retours d'expérience.
5. Une table d'Alzheimer, pour qu'ils se racontent la même chose toute la soirée.
6. Une table de chômeurs, pour qu'ils puissent parler de leur recherche d'emploi.

# Quiz

## Bague de fiançailles : parles-tu le langage des pierres ?

Relie chacune des dix pierres suivantes à sa symbolique.

**1.** Le diamant
**2.** Le grenat
**3.** L'onyx
**4.** L'aigue-marine
**5.** L'améthyste
**6.** Le saphir
**7.** L'émeraude
**8.** L'opaline
**9.** La topaze
**10.** Le rubis

**a.** La sincérité
**b.** La constance
**c.** Le courage
**d.** La sagesse
**e.** L'éternité
**f.** Le succès
**g.** Le bonheur conjugal
**h.** L'espoir
**i.** La satisfaction
**j.** La fidélité

**Résultats :**

- Tu as moins de 1 bonne réponse : c'est normal.
- Tu as 1 ou 2 bonnes réponses : tu as une chance de cocu.e.
- Tu as 3 à 5 bonnes réponses : tu as triché, c'est moche.
- Tu as 6 à 8 bonnes réponses : ton travail, c'est d'épouser de vieux milliardaires et de les tuer après.
- Tu as 9 à 10 bonnes réponses : tu es gemmologue, tu n'as donc pas beaucoup de mérite, inutile de fanfaronner comme ça.

Réponses : 1e ; 2b ; 3g ; 4c ; 5a ; 6d ; 7f ; 8h ; 9j ; 10i.

# Citations et mantras du mariage

« Ne critiquez pas les choix de votre femme. Vous en êtes un. »

# TU SAIS QUE TU TE MARIES QUAND...

- ... depuis que tu connais les prix de location des salles de réception, tu voudrais devenir une salle de réception.
- ... parfois, juste pour te faire du mal, tu vas voir sur Internet des photos de lieux complètement hors budget.
- ... le jour où tu as enfin trouvé la bonne salle, tu as eu envie de courir dans la pièce avec le t-shirt retourné sur le visage et les mains en l'air comme les footballeurs quand ils sont très contents.

« Le premier
qui critique le plan
de table,
il mange pas. »

**Source : www.wedzem.com.**

# TU SAIS QUE TU TE MARIES QUAND...

**... tu fais des rêves hyper-étranges à propos de ton mariage.**

Par exemple, tu rêves que tu arrives
à la mairie le jour J avec un survêtement
trois bandes.
Ou alors qu'il n'y a plus rien à boire à 19 h 30.
Ou alors que ta mère débarque
avec un chapeau en choucroute.
Et que les invités, ravis, se servent
à manger sur sa tête
avec des baguettes.

# 12 RAISONS DE FAIRE UNE CÉRÉMONIE LAÏQUE

**(Mais oui, tu sais, comme celles que tu voyais dans les films américains, quand t'étais petit.e)**

1. Tout le monde le fait, et on est tous des moutons.
2. Vous allez pleurer, et on en déduira que vous vous aimez beaucoup.
3. Tout le monde va pleurer, et on en déduira que c'était très émouvant.
4. Vos potes vous feront des discours super-drôles.
5. Vous pourrez vous amuser à compter le nombre de fois où on vous dira : « C'était une belle cérémonie. »

6 C'est moins long qu'à l'église. Et plus utile, si on ne croit pas en Dieu.

7 Ça va faire chier ta belle-mère, qui trouvera ça un peu beauf.

8 Tu as acheté un mascara waterproof, autant le rentabiliser.

9 Vous avez toujours rêvé de marcher sur un tapis de pétales de fleurs.

10 Et aussi de passer sous une arche de fleurs.

11 Si ça se trouve, vous aurez un pote qui sera partant pour célébrer la cérémonie déguisé en sosie d'Elvis.

12 Vous pourrez mettre une photo sur Instagram, et gagner quelques followers.

# TU SAIS QUE TU TE MARIES QUAND...

**... tu as déjà prononcé la phrase : « À ce prix-là, ils ont intérêt à finir leur assiette. »**

Et tu ne peux pas t'empêcher d'espérer, même si c'est très mal, que le montant de leur cadeau dépassera le montant de leur assiette.

# Interro
## surprise

**Que signifient ces deux acronymes ?**

**1. EVJF**

**a.** Eh, Véronique, je file !
**b.** Élégant, viril, jeune et fort.
**c.** Enterrement de vie de jeune fille.

**2. EVG**

**a.** Enterrement de vie de garçon.
**b.** Élevage de veaux gauchistes.
**c.** Élégante, vierge et généreuse.

Réponses : 1c ; 2a.

# EVJF VS EVG

## *Le jeu des 7 différences*

## EVJF

♥ Elles trouvent que c'est sympa de prévoir un truc « qui change ».

♥ Du coup, elles vont faire un spa.

♥ Elles louent un gîte sympa pour dormir toutes ensemble.

♥ Elles commencent à picoler du champagne à 18 heures.

♥ Il y en a toujours une qui ne connaît personne et qui se fait un peu chier.

♥ Il y en a toujours une qui part tôt parce qu'elle doit allaiter.

♥ Il y en a toujours une qui ne peut pas boire, parce qu'elle est enceinte.

C'est regrettable, mais c'est un fait : visiblement, on n'est pas encore tout à fait égaux. Découvre les grandes différences entre un enterrement de vie de jeune fille et l'équivalent côté mecs.

# EVG

- Il y en a un seul dans le lot qui trouve que c'est sympa de prévoir un truc « qui change ».
- Mais personne ne s'en occupe, du coup ils vont boire des coups.
- Ils ont oublié de prévoir un truc pour la nuit ; ça tombe bien, ils ne dorment pas.
- Ils commencent à picoler du rhum à 11 heures.
- Il y en a toujours un qui ne connaît personne et qui vomit parce que du coup il a trop bu.
- Il y en a toujours un qui ne veut pas aller se coucher, même quand tous les autres n'en peuvent plus.
- Il y en a toujours un qui boit comme un trou, parce que depuis que sa femme est enceinte, il ne boit plus beaucoup en semaine.

# LES 8 PHOTOS DE MARIAGE QUE TU TROUVERAS PARTOUT SUR INTERNET

1. La robe de mariée pendue en contre-jour à un cintre en bois.
2. Les témoins de la mariée qui lui apportent, alors qu'elle est en sous-vêtements délicats, sa jolie robe toute blanche.
3. Les chaussures posées près de la boîte.
4. Les témoins qui portent la mariée pendant le vin d'honneur.
5. Les témoins qui ajustent le col de chemise du marié.
6. Le papa qui découvre, ému, sa fille en robe de mariée.

7 Le bouquet en l'air, dans le ciel.

8 La fille qui a reçu le bouquet, avec les joues rouges et les yeux qui brillent (et derrière, son mec qui tire un peu la gueule).

# LES 10 TRUCS QUI FONT CHIER TOUT LE MONDE DANS LES ENTERREMENTS DE VIE DE JEUNE FILLE

**(mais qui arrivent presque à chaque fois, inexorablement)**

1. La nana qui répond à peine aux mails et n'envoie pas la photo qu'on lui a demandée.
2. Celle qui annule au dernier moment pour un prétexte bidon.
3. Le programme de la journée qui coûte deux testicules.
4. Celle qui tire la tronche parce qu'on a divisé la note en parts égales, alors qu'elle n'a pas bu.

5 Celle qui se prend pour la GO et stresse tout le monde avec ses rétroplannings et ses « hop ! hop ! hop ! » quand on ne marche pas assez vite entre deux activités.

6 La mariée déguisée en fée obligée d'aller embrasser de vieux mecs sur la place la plus fréquentée de la ville.

7 Le strip-tease d'un type gominé sur *You Can Leave Your Hat On* de Joe Coker, qui frotte son slip sur le nez brillant de la future mariée.

8 Les meufs qui veulent boire des coups dehors même si ça caille, pour pouvoir fumer.

9 Les meufs qui préfèrent être à l'intérieur, « au chaud », tout ça parce qu'elles ne fument pas.

10 Celle qui met trois plombes à rembourser ce qu'elle doit.

# TU SAIS QUE TU TE MARIES QUAND...

**... tu te poses des questions que tu ne t'étais absolument jamais posées auparavant comme :**

« En fait, ça mange combien de trucs, des gens normaux, pendant un apéro ? »

« Épouse un homme qui ruinera ton rouge à lèvres, pas ton mascara. »

# Tu sais que tu te maries quand...

... tu continues à croire qu'en cherchant bien, peut-être que tu vas trouver un site qui te donnera la météo à 7 mois.

# TROIS PHRASES QU'ON A PAS DU TOUT ENVIE D'ENTENDRE DE LA BOUCHE D'UN DJ

1. « Ceux qui croivent qu'eux deux, c'est pour la vie, faites du bruuuuuiiiiit ! »
2. « Faut qu'on soye tous chaaaaaaauds ! »
3. « C'est au tour de la mère à la mariée de dire un petit mot. »

Nota. – S'il dit « par contre », « malgré que » et « au jour d'aujourd'hui », le mieux, c'est définitivement de lui demander de s'en tenir à la musique.

# INTERRO SURPRISE

**Ces chansons passent à tous les mariages sans exception, et pourtant personne ne sait qui les interprète.**

Pour réparer cette injustice, trouve l'interprète de chaque titre, et sans tricher, s'il te plaît.

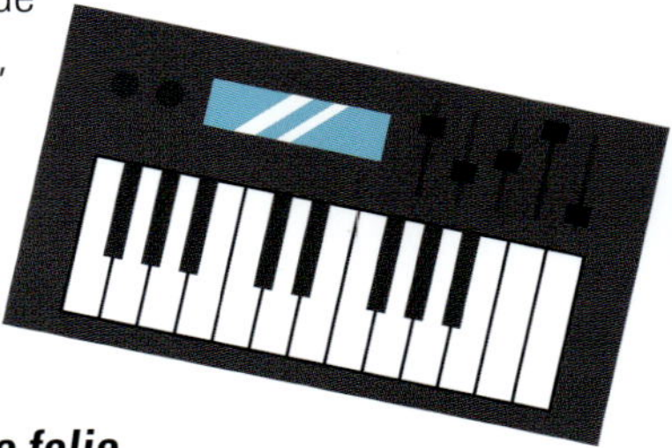

***Nuit de folie***

« Et tu chantes, chantes, chantes ce refrain qui te plaît, et tu tapes, tapes, tapes, c'est ta façon d'aimer. »

### ***Lambada***

« Chorando se foi quem um dia só me fez chorar. » (Ça t'aide ? Tant mieux.)

### ***Partenaire particulier***

« Partenaire particulier cherche partenaire particulière. Débloquée, pas trop timide et une bonne dose de savoir-faire, savoir-faire. »

### ***Le Jerk***

« Pour aller danser le jerk, sur de la musique pop. Sous les éclairs des stroboscopes, elle danse le jerk. »

### ***Femme libérée***

« Ne la laisse pas tomber, elle est si fragile, être une femme libérée, tu sais, c'est pas si facile. »

Réponses : *Nuit de folie*, Début de soirée ; *Lambada*, Kaoma ; *Partenaire particulier*, Partenaire particulier (qui définitivement ne s'est pas trop emmerdé) ; *Le Jerk*, Thierry Hazard ; *Femme libérée*, Cookie Dingler.

# TU SAIS QUE TU TE MARIES QUAND…

… pour le cadeau de mariage, vous hésitez très sérieusement entre un safari au Kenya et une nouvelle déco pour votre salon.

**Bonus :** vous voulez notre avis ? Non ? Eh bien, on va vous le donner quand même. Partez en safari au Kenya, vous vous rachèterez un nouveau salon quand vous serez morts.

# Citations et mantras du mariage

« Il y a une chose que j'aimerais changer chez toi : ton nom de famille. »

**Source : www.lacerisesurlegateau.fr.**

# TU SAIS QUE TU TE MARIES QUAND...

**... tu regrettes amèrement que tes parents n'aient pas une résidence secondaire à la campagne avec une grande salle de réception et 50 couchages.**

Dans le Sud, ça va de soi. Et avec une jolie grange abritée en cas de pluie, aux poutres de laquelle tu accrocheras des lanternes. Et puis par terre, tu disposeras des bottes de foin que le voisin agriculteur t'aura gentiment prêtées ; ça fera des petits fauteuils d'appoint et ça rendra super-bien sur les photos.

« Veux-tu devenir vieux, sénile et misérable avec moi ? »

# LE SAVIEZ-VOUS ?

(*Non, avouez.*)

**Les 5 chansons les plus utilisées dans les mariages en France pour l'ouverture du bal ou de la soirée sont...**

1. *Thinking Out Loud* (Ed Sheeran)
2. *At Last* (Etta James)
3. *Let's Stay Together* (Al Green)
4. *The Way You Look Tonight* (Tony Bennett)
5. *I'm Kissing You* (Des'ree)

**Les 5 morceaux les plus présents dans les playlists de mariage en France sont…**

1. *Get Lucky* (Daft Punk)
2. *Hey Ya!* (OutKast)
3. *Uptown Funk* (Mark Ronson, ft. Bruno Mars)
4. *I Gotta Feeling* (The Black Eyed Peas)
5. *Crazy In Love* (Beyoncé)

# TU SAIS QUE TU TE MARIES QUAND...

**... tu arrives à perdre le sommeil à cause de questions existentielles du genre :**

« Mais du coup,
je me fais couper
les cheveux,
ou pas ? »

« Il me faut
un mari convenable.
Le petit-déjeuner
ne va pas se faire
tout seul. »

## LE SAVIEZ-VOUS ?

**(Non, avouez.)**

Le *trash the dress* est un genre nouveau de séance photo de mariage, né dans les années 2000 aux États-Unis et qui se démocratise en France, mais seulement chez les jeunes branchés qui mangent des légumes de saison et qui ont une barbe de hipster.

Il consiste à organiser une séance photo non pas le jour J, mais après le mariage, pour pouvoir se lâcher sans avoir peur d'abîmer la robe et la coiffure, et donc pour faire des trucs bizarres comme se rouler dans la boue, s’arroser d’eau ou de champagne, courir dans les prés en déchirant des pans de robe, faire l’amour… Non, peut-être pas quand même, on s’emballe.

# LA TRISTITUDE, C'EST :

- de faire une énorme tache rouge sur sa robe avant d'entrer dans la mairie, à cause du pistil d'une des fleurs du bouquet ;
- de lancer le bouquet et d'avoir toutes les filles derrière qui s'écartent pour ne surtout pas l'attraper ;
- d'assister à une collision de crânes entre les deux qui voulaient vraiment le bouquet et de les voir partir aux urgences ;
- de balancer son bouquet à 100 euros à quelqu'un qui le laissera faner sur la plage arrière de la voiture ;
- de tenir la coupe de champagne d'une main et les fleurs de l'autre et de se tromper de main en voulant lancer le bouquet.

# Top 4

## des angoisses de couple de futurs mariés

1. Le bouton de fièvre
2. Le temps dégueulasse
3. Le traiteur/photographe/DJ qui se désiste
4. L'ambiance de merde sur le dancefloor

# Tu sais que tu te maries quand…

**… tu fais tous les matins une séance d'incantations à sainte Évelyne Dhéliat.**

Tu as cinq sites différents de météo, tu les consultes plusieurs fois par jour, ils ne disent pas pareil et ça change tout le temps, tu deviens complètement dingue, tu dis : « Pitié, juste du soleil pour le cocktail ! », tu pries, tu es devenu.e catholique, comme à chaque fois que tu as peur.

## LES 10 CHANSONS QU'ON A ENVIE DE METTRE QUE PENDANT LES MARIAGES ET QUE QUAND ON EST VRAIMENT BOURRÉS

1. *Tomber la chemise* (Zebda)
2. *Les Démons de minuit* (Images)
3. *Samba de Janeiro* (Bellini)
4. *Les Sardines* (Patrick Sébastien)
5. *La Chenille* (La Bande à Basile)
6. *Ça fait rire les oiseaux* (La Compagnie créole)
7. *Femme Like U* (K-Maro)
8. *Fruit de la Passion* (Francky Vincent)
9. *Barbie Girl* (Aqua)
10. *Aïcha* (Khaled)

# LES 10 TYPES DE DISCOURS LES PLUS CHIANTS DU MONDE

1. Le discours de bourré.e, qui met tout le monde bien mal à l'aise.
2. Le discours très sérieux, qui commence par « Tu es né le 12 mars 1984 à Limoges, et tu étais un beau bébé chevelu » (fonctionne aussi avec les autres dates, les autres villes et sans cheveux).

3. Le discours chanson où on ne comprend rien aux paroles.
4. Le PowerPoint qui dure mille ans, avec 527 photos.
5. Le discours règlement de compte, qui passe en revue tous les défauts des mariés pour leur souhaiter une belle vie, malgré tout.
6. Le discours à plusieurs, où tout le monde prend la parole chacun son tour et où ça n'en finit pas.
7. Le discours qui se veut humoristique, mais où il manque juste les rires enregistrés.
8. Le discours qu'on ne comprend pas parce que la personne ne fait que renifler dans le micro.
9. Le discours où on entend rien parce qu'il n'y a pas de micro.

« Quoi qu'on dise,
un mariage raté
est quand même
plus joyeux qu'un
enterrement réussi. »

**(Yvan Audouard.)**

TOP 1 DES BLAGUES
QUE LE TONTON RELOU
VA FORCÉMENT FAIRE À LA PETITE
SERVEUSE QUI VA LUI DEMANDER :
« QU'EST-CE QUE JE VOUS SERS ? »

« La bite,
mais pas trop fort. »
#balancetonporc

# Les 10 choses

**qui se font moyen au moment de la séance photo le jour J**

1. Faire un doigt d'honneur.
2. Montrer ses fesses.
3. Faire les oreilles de lapin à sa belle-mère.
4. Avoir un gros bout de tarama sur la lèvre.
5. Lécher sensuellement sa lèvre pour brancher le photographe.
6. Partir en courant.

7 Demander aux invités une petite pièce pour faire une photo avec vous.

8 Demander au photographe de se joindre à vous et à votre mère si elle peut prendre la photo à sa place.

9 Avoir le nez qui coule.

10 Jouer à chat-bite.

# LES 6 GAMINS À QUI VOUS NE DEVEZ PAS CONFIER LA QUÊTE, SI VOUS VOUS MARIEZ À L'ÉGLISE

Ce n'est pas vous qui allez vous charger de passer le petit panier en osier dans les rangs pour récolter les dons pour la paroisse. Mais ce ne sont pas ces profils d'enfants non plus. Du moins, c'est ce qu'on vous conseille.

1. Celui qui adore montrer son zizi, ce n'est vraiment pas le bon moment.
2. Celui qui a toujours le nez qui coule, c'est dégoûtant et puis ça colle.
3. Celui qui est frustré et qui pour s'offrir son zoo Playmobil n'aura aucun scrupule à piquer dans le panier.

4 Celui qui a des parents radins, qui seraient bien capables de lui demander de prendre un billet au passage.

5 Celui qui n'est pas encore propre, mais déjà très libéré sur le sujet, et qui hurle « CACAAAAA » pour qu'on le change.

6 Celui qui a des parents anarchistes et qui comme un bon petit soldat chuchotera « Ni Dieu ni maître » à chaque pièce dans le panier.

# TU SAIS QUE TU TE MARIES...

## ... et que tu es **UN TOUT PETIT PEU** psychorigide quand...

- ... tu as fait des fiches que tu relis tous les soirs, pour réviser le consentement des époux.
- ... aux mariages de tes potes, tu prends des notes pour leur piquer des idées.
- ... tu t'incrustes aussi dans des mariages où tu n'es pas invité.e, pour faire la même chose.
- ... tu as décidé de prendre un congé sabbatique d'un an, pour bien préparer ton mariage.

- ... tu as choisi un thème couleur – « blanc » –, et que tu as donc tenu à ce que le traiteur ne serve que des plats blancs (tes invités risquent d'avoir des selles blanches, pour rester dans le thème).
- ... tous les jours, tu organises une réunion en visioconférence pour tenir au courant tes témoins de l'avancement du dossier.
- ... tu testes toutes les semaines une nouvelle marque de mouchoirs, pour voir lesquels sont les moins irritants.
- ... tu as tenu absolument à offrir aux invités la choré de *Dirty Dancing*, et que tu as menacé ton mec de le quitter s'il ratait le porté.

# *Mariage pluvieux, mariage heur...*

## OH, TA GUEULE !

Le vrai dicton, ce n'est pas « Mariage pluvieux, mariage heureux », mais « Mariage plus vieux, mariage heureux », en référence aux couples qui se marient plus âgés : voilà une raison de plus pour dire à ceux qui prononceront cette phrase pendant l'averse à la sortie de la mairie d'arrêter tout de suite, mais genre tout de suite.

# 6 FAÇONS UN PEU ORIGINALES D'ARRIVER À LA MAIRIE

**(La limousine, c'est tellement surfait)**

1. En métro.
2. À cheval sur votre mec.
3. En retard.
4. En faisant des roulades.
5. En voiture de police.
6. En équilibre sur deux mains… enfin quatre, du coup.

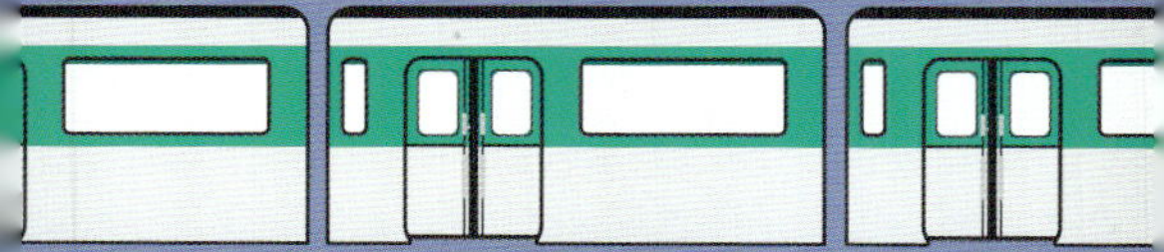

# DIRE « OUI » DANS TOUTES LES LANGUES

- YES (anglais)
- JA (allemand)
- BAI (basque)
- DA (bosniaque)
- SI (catalan)
- IÉ (corse)
- JA (danois)
- KYLLÄ (finnois)
- IGEN (hongrois)
- YA (indonésien)

- SÌ (italien)
- ERÊ (kurde)
- TAIP (lituanien)
- JO (luxembourgeois)
- AE (mạori)
- SIM (portugais)
- ANO (tchèque)
- YEBO (zoulou)

# 10 choses à ne pas dire quand on te complimentera sur ta beauté

1. « Merci, tu ne m'en voudras pas si je ne te retourne pas le compliment ? »
2. « Je sais. »
3. « Ben super, t'as l'air surpris que je sois belle. »
4. « Physiquement, tu préfères moi ou ta femme/ta fille ? »
5. « Vu le prix du bordel, il manquerait plus que je sois laide. »

6. « Toi aussi. Mais qu'est-ce qui nous arrive ? »
7. « Bah oui, j'ai fait un effort vestimentaire, MOI. »
8. « Miracle du maquillage, tu verrais le carnage en dessous. »
9. « Retire ça tout de suite, je suis une femme mariée. »
10. « Merci, et toi, tu es très cultivé ; c'est bien aussi, la culture. »

## Le contenu de la trousse de survie idéale pour le *jour J*

**À réclamer à la témoin, pour voir un peu si c'est une amie, une vraie.**

- De l'aspirine
- Des pansements pour les ampoules
- Des bonbons mentholés
- Un déo ou des lingettes
- Un brumisateur
- Des mouchoirs
- Du coton

- Un démaquillant pour les yeux en cas (très peu probable, bien sûr) de coulures
- Un petit miroir
- Un fond de teint
- Une poudre
- Un correcteur
- Un blush
- Du mascara
- Un rouge à lèvres
- Un échantillon de parfum
- Un peigne
- Quelques épingles à cheveux

## Tu sais que c'est dans
# deux heures
## quand...

... tu sens la laque Elnett.

... tu as une petite boule dans le ventre, et tout autour des papillons.

... tu n'oses plus trop bouger, de peur de faire tomber les épingles.

... tu ne veux surtout pas pleurer, pour ne pas gâcher ton maquillage.

... tu as vérifié 36 fois si tu avais bien pris les alliances.

... ton père vient de t'ajuster ton nœud papillon, puis a posé la main sur ton épaule et t'a regardé d'une nouvelle façon.

## Tu sais que c'est dans *une heure* quand…

- … pour une fois, tu as passé des heures à te préparer pour aller à la mairie.
- … pour une fois, tu ne t'es pas engueulée avec la dame du guichet à la mairie.
- … pour une fois, tu as eu envie de pleurer de joie en arrivant à la mairie.
- … pour une fois, ça a été super-rapide à la mairie.

# TU SAIS QUE C'EST MAINTENANT QUAND...

**... c'est la première fois depuis toujours que 150 personnes te regardent en même temps.**

(Scoop : c'est aussi la dernière fois.)

Citations et mantras du

# mariage

« Je vous déclare mari et femme. Vous pouvez maintenant mettre à jour vos statuts Facebook. »